PANÉGYRIQUE

DE

SAINT THÉODORE

ÉVÊQUE DE MARSEILLE

PRONONCÉ DANS SON ÉGLISE LE JOUR DE SA FÊTE

PAR

L'abbé J. H. ALBANÉS,

Docteur en Théologie et en Droit canonique.

MARSEILLE

IMPRIMERIE VIAL, RUE THIARS, 8.

—

1864

PANÉGYRIQUE

DE

SAINT THÉODORE

ÉVÊQUE DE MARSEILLE.

***Hæc profugum justum deduxit... honestavit illum
in laboribus, et complevit labores illius.** Sag. X. 10.*

MES FRÈRES,

Depuis l'origine du monde, un étonnant spectacle s'offre aux
regards des hommes et se renouvelle de siècle en siècle : c'est la
justice aux prises avec l'iniquité, la vertu persécutée par le
vice, le bon opprimé par le méchant. Depuis Caïn, le premier
homicide, qui tua son frère parce qu'il était meilleur que lui,
jusqu'au nouvel Absalon qui, de nos jours, s'est levé contre son
père pour s'enrichir de ses dépouilles, toutes les générations
nous présentent le même tableau ; l'histoire du genre humain
n'est que le récit de la lutte du bien contre le mal, et semble le
plus souvent n'avoir à enregistrer que les souffrances des justes et
les triomphes des pécheurs. Un fait si constant a fourni prétexte
à l'impie pour nier Dieu, et pour prononcer que la vertu n'est
qu'un vain mot ; d'autres, non moins coupables, y ont trouvé
l'occasion de blasphémer contre la Providence, l'accusant d'avoir
abandonné son ouvrage, et d'avoir fait à sa créature un sort in-
digne d'Elle, où ne se retrouvent ni sa bonté, ni sa justice, ni sa
sagesse.

Il en est tout autrement pour les chrétiens fidèles : la lutte qui existe ici-bas leur rappelle la chute originelle qui en est la cause, et leur remet en mémoire la nécessité et la possibilité d'une réhabilitation qui doit les rendre à leurs destinées premières. D'ailleurs, le chrétien ne voit pas seulement la lutte, il découvre aussi partout le secours providentiel que Dieu donne à ceux qui ont à combattre. Il sait, et la Sainte Ecriture le lui atteste en termes explicites, que toutes les fois que le juste est lancé dans les épreuves, le Seigneur est à côté de lui pour l'assister, *Hæc profugum justum deduxit;* qu'il le mène comme par la main et dirige ses pas dans les sentiers de la vertu, *deduxit per vias rectas;* que, de crainte qu'il ne perde courage, il lui met souvent devant les yeux la récompense promise, *et ostendit illi regnum Dei;* qu'il éclaire son esprit d'une lumière surnaturelle qui l'empêche d'errer, *et dedit illi scientiam sanctorum;* qu'il le fortifie dans les moments difficiles, et le soutient au milieu des assauts les plus redoutables, *honestavit illum in laboribus,* et qu'il lui réserve, pour tous ses travaux, une couronne impérissable, *et complevit labores illius,* Sag. x, 10.

Voilà ce que nous savons, nous chrétiens, que Dieu a promis à ceux qui sont appelés à souffrir pour lui, et l'histoire des saints est là pour nous apprendre avec quelle fidélité il a tenu ses engagements. C'est ainsi qu'il a assisté Jacob fuyant devant la face de son frère irrité ; c'est ainsi qu'il a accompagné Joseph vendu par les siens, qu'il est descendu avec lui dans la prison, et l'a soutenu dans les fers, jusqu'au moment où il mit dans ses mains le sceptre du pouvoir ; c'est ainsi qu'il a fortifié les prophètes contre leurs contradicteurs, les apôtres contre les rois et les princes de la terre, les martyrs contre les tourments, les vierges contre leur propre faiblesse, les confesseurs, enfin, contre toute la ruse, la science, et la puissance de ce siècle et, en même temps, contre les défaillances de leur nature.

Et quelle preuve plus forte pourrions-nous vous donner de cette vérité que l'histoire du glorieux pontife dont nous célébrons aujourd'hui la fête, et que nous honorons comme notre patron et notre protecteur. La vie toute entière de saint Théodore est une confirmation éclatante de ce que nous venons de dire : chacun de ses jours a été marqué par des tribulations sans nombre et des persécutions de toute sorte ; il lui a fallu lutter sans cesse contre des ennemis infatigables, et, au témoignage de son historien, sa vie a été un perpétuel martyre. Et pourtant il n'a jamais faibli, ses malheurs ne l'ont pas un instant abattu, et, recevant du Seigneur le secours promis, il a toujours tenu tête à l'orage, et supporté avec intrépidité les tempêtes que l'enfer déchaînait contre lui.

Nous entreprenons de vous exposer ses actions ; le récit de ses dures et interminables souffrances ranimera notre courage, au milieu des épreuves auxquelles nous pouvons être soumis nous-mêmes ; et la fermeté qu'il déploya devant ses persécuteurs, et dont nous trouverons la source dans l'assistance non discontinuée du Très-Haut, accroîtra notre confiance dans l'appui qui est assuré à notre faiblesse.

Voici tout notre sujet : Le courage de saint Théodore est un exemple que nous devons imiter dans nos adversités ; la grâce qui l'a assisté et l'a fait triompher, nous est le garant de celle que Dieu nous donnera pour nous procurer la victoire.

PREMIÈRE PARTIE.

Le Saint-Esprit, par la bouche de Job, a énergiquement précisé en peu de mots la position où nous nous trouvons en ce monde : la vie de l'homme sur la terre est un combat, *Militia est vita hominis super terram.* Job. vii. 1. Arrière les illusions et les vains désirs de notre chair infirme ; la réalité des faits nous oblige bien vite de céder à l'évidence : nous sommes ici-bas pour combattre. D'un autre côté, saint Paul, tirant la conséquence de cette première vérité, et complétant le sens des paroles de Job, nous fait remarquer avec raison qu'il n'y aura de couronnés que ceux qui auront loyalement combattu, *Non coronatur nisi legitimè certaverit.* 2. Tim. ii. 5. Ce monde est donc pour nous un champ de bataille ; tout chrétien est soldat, et il faut, si l'on veut avoir part à la récompense, combattre vaillamment et vaincre, car ni celui qui fuit, ni celui qui est vaincu, n'ont droit à la couronne.

Or, beaucoup de chrétiens n'ont à faire la guerre qu'à eux-mêmes ; ils n'ont à surmonter que les dangers ordinaires du monde, les tentations quotidiennes du démon ; ils n'ont de peines que celles qu'enfantent nécessairement et les misères de l'humanité et le conflit des passions humaines. Il en est, au contraire, qui doivent prendre une part plus grande dans la mêlée universelle où le bien et le mal luttent l'un contre l'autre ; leurs épreuves sont plus fortes, elles exigent un courage plus ferme, et font acquérir des mérites plus signalés. A quelques-uns, enfin, sont réservés les combats extraordinaires, les luttes pénibles avec les puissants de ce monde que le prince des ténèbres met en mouvement ; luttes où l'attaque est terrible, la résistance bien difficile et le triomphe très-glorieux. Tel est le genre de difficultés auxquelles saint Théodore fut en butte durant toute sa vie.

Saint Théodore vécut dans la seconde moitié du sixième siècle. Avant de parvenir à l'épiscopat, il était prêtre de l'église de Marseille ; son nom grec semble même indiquer qu'il avait reçu le jour dans le sein de la vieille cité phocéenne, et qu'il appartenait à cette portion des habitants qui descendait des premiers fondateurs. Consacré par un libre choix au service du Seigneur, et ayant parcouru successivement les divers degrés de la cléricature, il faisait partie du Presbytère de l'église cathédrale.

A cette époque reculée, si rapprochée des Apôtres, on n'avait point encore introduit dans les villes les divisions paroissiales ; ni le troupeau, ni le clergé, n'étaient partagés en sections plus ou moins considérables ; mais groupés tous ensemble autour de l'Evêque, dans l'église où celui-ci avait son siége, les prêtres étaient de là envoyés par lui partout où ils étaient réclamés. Lorsque l'évêque venait à mourir, c'était à eux qu'était réservé le droit de pourvoir à son remplacement, et de désigner, avec l'agrément du peuple, le nouveau pontife qui devait prendre le gouvernement des fidèles. L'Eglise dans sa sagesse avait établi, dès les premiers jours de son existence, ce mode de nomination des pasteurs qui donna longtemps les plus heureux résultats ; car en ces siècles pleins de foi, l'accord des clercs et des laïques, dans une affaire d'une aussi grande importance, était une garantie certaine que les Elus étaient dignes du poste éminent auquel on les appelait.

Quels furent les mérites de notre saint dans un rang inférieur, il nous est facile de le conjecturer, non-seulement d'après ce que nous lui voyons faire dans la suite de sa vie, mais encore par ce que fait supposer son élévation à l'épiscopat. Celui qui est fidèle dans les petites choses, dit le Seigneur, le sera aussi dans les grandes, *Qui fidelis est in minimo, et in majori fidelis est.* S. Luc. XVI. 10.

Telle fut sans doute la pensée qui dirigea nos pères dans le choix qu'ils firent de sa personne ; car le siége épiscopal de Marseille étant venu à vaquer, tous les regards se tournèrent sur lui comme sur le plus digne, et il fut placé d'un commun accord sur le trône de saint Lazare. Cette nomination est une démonstration évidente de toutes les vertus qui devaient briller en lui, car ce ne furent pas des étrangers, mais ses propres concitoyens, mais ses collègues dans le sacerdoce, desquels il était parfaitement connu, qui le choisirent pour le mettre à leur tête, et en faire leur évêque.

C'est une grande dignité que l'épiscopat, mes frères, et les évêques sont de grands personnages dans l'Eglise de Dieu : ils sont les Oints du Seigneur, les Pasteurs du troupeau, les Princes du peuple, les Vicaires de Jésus-Christ. L'évêque, dans un diocèse, résume en lui l'église particulière dont il est le chef, comme le Pape représente l'église universelle, car *là où est le Pape, là est l'Église* (1). Aussi, l'épiscopat n'est point d'institution humaine ; J. C. lui-même l'a fondé, et c'est l'Esprit-Saint qui donne la mission aux évêques pour gouverner l'Eglise de Dieu, *Posuit Episcopos regere Ecclesiam Dei.* Act. xx. 28. C'est pour cela que l'Église leur prodigue tant de respects, leur attribue de si grands honneurs, et exige pour eux une si parfaite obéissance. Et ce qu'elle fait aujourd'hui, elle l'a fait dès l'origine, car si nous remontons aux temps apostoliques, nous entendrons le grand Ignace d'Antioche nous dire : *Obéissez à l'évêque comme J. C. a obéi à son père. Et comme J. C. n'a rien fait sans son père, ne faites rien sans votre évêque* (2). C'est pour cela aussi que l'Église exige de celui qui doit être

---

(1) Ubi Petrus, ibi Ecclesia. *Ambr. in Ps.* 40.

(2) Episcopum sequimini ut Jesus Christus Patrem. *Ad Smyrnæos.* Quemadmodum Dominus sine Patre nihil fecit, sic neque vos sine Episcopo. *Ad Magn.*

évêque, de si rares qualités : Il faut que l'évêque, dit saint Paul, soit irréprochable, qu'il possède la sobriété, la prudence, la pureté, l'hospitalité, la science, qu'il ne soit accessible ni à la gourmandise, ni à la colère, ni à l'envie, ni à l'avarice, *Oportet Episcopum irreprehensibilem esse, sobrium, prudentem, ornatum, pudicum, hospitalem, doctorem...* 1. Tim. III. 2. Ces grandes vertus, qui doivent faire l'ornement des pontifes, auront pour résultat assuré de leur procurer l'estime, l'affection et la soumission de leurs inférieurs.

Mais on se tromperait bien si on ne regardait l'épiscopat que sous cet aspect; cette haute dignité, ces respects, ces honneurs, cachent une grande charge, et ce n'est pas pour rien que l'Apôtre a dit : Celui qui désire d'être évêque désire une œuvre difficile, *Qui episcopatum desiderat, bonum opus desiderat.* 1. Tim. III. 1. En effet, l'évêque porte sur ses épaules un lourd fardeau, car il a une grande responsabilité : le troupeau qui lui est confié, il en répond âme pour âme au maître suprême qui lui en demandera compte; il est tenu de l'instruire de la doctrine du salut; il est obligé de veiller sur lui avec une sollicitude incessante, de corriger ses mœurs lorsqu'elles ne sont point conformes aux préceptes évangéliques; il doit le défendre en tout temps contre les loups qui viendront assaillir le bercail. Il lui faudra, pour l'accomplissement de ses devoirs, suer, et lutter, et souffrir; les premiers coups tomberont toujours sur lui, puisqu'il est le gardien, la sentinelle avancée, et souvent même le bon pasteur devra donner sa vie pour ses brebis, *Bonus pastor animam suam dat pro ovibus suis.* S. Jean. X. 11. En un mot, l'évêque se doit tout entier à ses ouailles, il doit procurer le bien de leurs âmes à tort prix, au prix de son repos, au prix de sa santé, au prix de sa vie. Malheur à lui s'il néglige de signaler le danger, comme ces chiens muets, dont parle l'Écriture, qui ne savent pas aboyer quand il faut, *Canes muti non valentes latrare.* Js. LVI. 10.

Saint Théodore, devenu évêque, comprit parfaitement les

devoirs de sa charge, et s'appliqua à les remplir. Soit que son élection eût été précédée d'une longue vacance, soit qu'un trop long épiscopat eût laissé relâcher le nerf de la discipline, il y avait des désordres parmi les fidèles et dans le clergé. Marseille était alors, comme aujourd'hui, cette bonne et excellente ville dont la piété est renommée dans tout l'univers; nos ancêtres étaient, comme le sont leurs descendants, des hommes à la foi vive et inébranlable, au sein desquels l'hérésie n'a jamais pu prendre racine. Mais souvent, hélas, et les pères et les enfants, têtes légères, ne se sont pas souciés de mettre d'accord leur conduite avec leur croyance, et ont donné à leurs pasteurs l'occasion de déployer toute l'ardeur de leur zèle. Ainsi en était-il au sixième siècle, et l'état où se trouvait notre église réclamait tous les soins d'un bon évêque.

Saint Théodore, qui connaissait le mal, mit la main à l'œuvre sans retard; il se souvint de la recommandation que fait le grand Apôtre à son disciple : Prêchez la parole divine, insistez à temps et à contre-temps, corrigez, priez, reprenez avec une patience inépuisable et une doctrine ferme, *Prædica verbum, insta opportunè, importunè, argue, obsecra, increpa, in omni patientiâ et doctrinâ.* 2 Tim. IV. 2. Non content de parler, il agit : comme un cultivateur bien avisé qui sarcle son champ tandis qu'il en est temps, arrachant l'ivraie qui étoufferait le bon grain, taillant et coupant sans merci tout ce qui nuirait à la richesse de la récolte qu'il espère, le zélé pontife s'étudia sans relâche à extirper du milieu de son troupeau les abus qui s'y étaient glissés; il voulut porter un remède efficace aux vices qui souillaient la sainteté de son église, pour former de nouveau en elle une église glorieuse, sans rides et sans taches, *Gloriosam ecclesiam, non habentem maculam, aut rugam, aut aliquid hujusmodi.* Eph. V. 27. Mais le bien ne se produit pas sans de pénibles efforts, le mal ne cède jamais la place sans résistance; le zèle de l'évêque souleva d'ardentes inimitiés, et donna naissance à de sourds mécontentements qui n'attendirent qu'une occasion pour éclater. Cette occasion, la politique la fournit.

Pour la seconde fois, le glorieux héritage de Clovis venait d'être dépécé en quatre portions, et les Francs obéissaient aux quatre petits-fils du premier roi très-chrétien. Charibert trônait à Paris, Chilpéric à Soissons, Gontran à Orléans, et Childebert à Metz, à la place de Sigebert, son père. Ces deux derniers rois possédaient en commun la Provence, et comme Marseille était déjà la ville importante par dessus toutes, Gontran et Childebert y avaient une part égale. Le premier même, abusant de la jeunesse de son neveu, non seulement s'y était arrogé des droits qui n'étaient pas très-clairs, mais s'en était fait à peu près le maître, et y avait mis pour gouverneur un homme dévoué, le patrice Dynamius.

L'évêque Théodore, qui voulait, comme l'ordonne Jésus Christ, rendre à Dieu ce qui est à Dieu, et à César ce qui est à César, s'inquiétait fort peu des vicissitudes de la politique des hommes, et aussi fidèle à son roi qu'à son Dieu, ne cachait point le dévouement qu'il portait au jeune prince dont l'éloignement et la faiblesse avaient fait déserter la cause par les habiles du monde. De là naquirent de nouvelles colères qui, ajoutées aux premiers ressentiments, déterminèrent l'explosion. Ses divers ennemis mettent en commun leurs querelles et réunissent leurs forces : on résiste à ses réformes, on lui suscite des difficultés nombreuses, on brave ouvertement son autorité, et on lui tend de tout côté des embûches, dans l'espoir fondé de le voir bientôt succomber devant tant d'embarras. Quand il s'aperçut que son ministère était paralysé par l'alliance du pouvoir séculier avec la portion mauvaise du troupeau, il résolut de porter ses plaintes au pied du trône du souverain, et d'y chercher un appui qui était bien dû à son zèle et à sa fidélité.

Mais comme il traversait la ville pour s'en aller auprès du roi, il fut ignominieusement arrêté par les gens du gouverneur, qui

le couvrirent d'injures et de mauvais traitements. On vit plusieurs de ses clercs qui ne rougirent pas de s'élever contre lui,
et de poursuivre publiquement le projet de le faire déposer de
l'épiscopat. Telle était la récompense du zèle qu'il avait déployé
pour la correction de son troupeau, et tel sera toujours le premier fruit que recueillera celui qui voudra s'acquitter fidèlement
des devoirs de sa charge : le vice contrarié dans ses envahisse-
ments se soulève contre celui qui tente d'en arrêter le cours, et
s'efforce de faire disparaître quiconque lui résiste. Mais les ou-
trages n'abattent pas le vrai courage, et Théodore, sorti des
mains de ses ennemis, s'achemine vers le roi Childebert, de qui
il espère obtenir une aide désormais indispensable. Ses persécuteurs avaient pris les devants, et comme il lui fallait passer à
travers les états de Gontran, celui-ci, prévenu, le fait saisir et
jeter en prison. Aussitôt que cette nouvelle est connue à Marseille, l'iniquité croit avoir remporté une victoire définitive ; on
pille la maison de l'évêque ; on dilapide les biens de l'église, on
s'empare de ses possessions. C'en est fait de lui, disait-on ; pour
le moins, il est condamné à un éternel exil, et jamais il ne re-
verra sa patrie. Alors la calomnie, se donnant libre carrière,
accumule contre lui les accusations les plus absurdes, et le
charge de tous les crimes.

Tandis que ces choses se passaient à Marseille, saint Théodore
avait trouvé moyen de s'échapper de sa prison, et était arrivé à
la cour de Childebert, où il reçut l'accueil que lui méritaient sa
fidélité et ses vertus. Le jeune roi, informé de tout ce qu'il avait
souffert pour sa cause, envoya des ambassadeurs à son oncle,
pour réclamer énergiquement tous ses droits sur Marseille. Et,
joignant les actes aux paroles, il députa en Provence le duc
Gondulphe, chargé en même temps de rétablir Théodore sur son
siége, et de défendre les intérêts compromis de son maître. Les
portes de Marseille se fermèrent devant l'évêque et devant l'envoyé du roi, qui cherchèrent en vain à y pénétrer ; mais bientôt

le duc ayant proposé une entrevue dans l'église de St-Étienne, qui n'était pas éloignée des murs de la cité, Dynamius donna imprudemment dans le piége qui lui était tendu, et tomba au pouvoir de Gondulphe et de ses gens. On vit alors celui qui peu auparavant n'avait pour son évêque que des insultes et des mépris, se jeter à ses pieds et implorer son pardon, offrir au représentant du roi de grandes sommes pour se racheter, et jurer avec serment qu'il serait dorénavant fidèle à l'évêque et à son roi. On appela les principaux citoyens de la ville, ses portes s'ouvrirent, et le duc et l'évêque y firent leur entrée solennelle, au milieu des acclamations du peuple, qui était venu au-devant d'eux portant des drapeaux et des étendards.

Théodore avait revu son église, et était remonté sur son siége d'où les complots des méchants l'avaient éloigné ; son seul désir eût été de reprendre ses fonctions pastorales, et de se consacrer tout entier au bien de son troupeau. Mais la trève qu'il avait obtenue fut de peu de durée, et ses ennemis, qui avaient été contraints de s'avouer vaincus, ne lui laissèrent pas le temps de goûter un long repos. Bientôt, au mépris de ses promesses et de son serment, Dynamius manda à Gontran que l'évêque de Marseille lui ferait perdre la partie de la ville qui lui appartenait, et que jamais il n'y serait le maître tant que son ennemi y demeurerait. La colère du roi dicta aussitôt un nouvel arrêt d'exil ; il ordonna qu'on lui amenât chargé de chaînes le pontife innocent. Mais il n'était pas facile d'exécuter cette sentence dans l'enceinte de la cité et de s'y saisir de sa personne, car la vue des vertus du saint évêque lui avait concilié tous les cœurs, et tout le peuple lui était dévoué.

Le gouverneur, convaincu de cette difficulté, choisit donc pour tendre ses embûches un jour où le prélat sortait des murs pour célébrer la dédicace d'une église voisine ; des gens armés, apostés d'avance, l'entourent à l'improviste, le jettent à bas de son cheval, lient ses serviteurs, frappent ses clercs, et l'ayant mis de force sur une misérable monture, l'entraînent aussitôt dans le plus complet dénûment, jusqu'au lieu où résidait Gontran. Alors se renouvelèrent les scènes de pillage que nous avons déjà vues une première fois, et les biens de l'église devinrent la proie des ennemis du saint. Alors aussi s'accomplit la promesse que le Sauveur a faite à ceux qui seront persécutés pour lui, de mettre dans leur bouche des paroles de sagesse auxquelles leurs adversaires ne sauraient résister. Théodore, traîné à travers la France pour comparaître devant un roi irrité, sut si bien se disculper, qu'il ne resta rien des accusations portées contre lui, et Gontran lui permit de retourner dans sa ville épiscopale, où il fut reçu avec une allégresse universelle.

Il s'y vit bientôt exposé à un péril plus grand que les autres, et lorsqu'il pouvait croire avoir retrouvé la tranquillité, un nouvel orage se formait sur sa tête, qui devait le plonger dans un océan de misères. De nouvelles révolutions agitèrent la France, et notre saint s'y vit ballotté comme dans une épouvantable tempête. Voici encore, dit son historien en commençant ce récit, une nouvelle guerre suscitée contre Théodore. Un prince que l'on croyait de la race des rois Francs, Gondebaud, vint débarquer à Marseille pour réclamer les droits qu'il tenait de sa naissance. Théodore lui fit un accueil digne de son rang, car il avait reçu de la cour de Childebert des lettres qui le lui commandaient. Or, il y avait à côté de lui un fourbe qui était soupçonné d'avoir lui-même excité Gondebaud à venir en France, et qui, pour se mettre à couvert, quand il s'aperçut que l'entreprise ne réussirait pas, crut agir habilement en rejetant tous les torts sur l'évêque.

Le duc Boson arrêta donc Théodore comme conspirateur et comme traître, et après l'avoir tenu quelque temps renfermé dans une étroite prison, l'envoya à Gontran, en compagnie d'un autre saint évêque, alors retiré à Marseille, et qu'il avait compromis dans la même affaire. Leur innocence fut bientôt reconnue, et malgré un sévère examen, ils ne furent trouvés coupables d'aucun crime ; le roi voulut néanmoins qu'ils fussent gardés en prison, et saint Épiphane, le compagnon de sa captivité, y mourut après mille souffrances. Saint Théodore dut rester longtemps prisonnier, et lorsqu'il vit s'ouvrir les portes de son cachot, ce ne fut que pour être envoyé en exil dans le nord des Gaules. Il y attendit avec patience des jours meilleurs ; quelques dures que fussent des épreuves si multipliées, sa plus grande douleur était de se voir séparé de son troupeau, et d'être dans l'impossibilité de se dévouer pour le sanctifier. Mais le roi Gontran lui gardait rancune, et ne pouvait surmonter les préventions qu'on lui avait inspirées contre lui ; alors même qu'il eut été, après un long intervalle, rendu à son église, et que toutes les passions parurent apaisées, le roi ne cessait de proférer contre lui des paroles pleines de courroux, et le menaçait d'un second exil.

Qui n'aurait cru pourtant que saint Théodore, en rentrant à Marseille, après une si longue absence, allait y trouver enfin une paix assurée ? Marseille appartenait désormais à Childebert, à qui son oncle l'avait rendue, et celui qui avait été si intrépidement fidèle à ce prince durant sa faiblesse, pouvait bien espérer, sous sa domination, d'avoir vu arriver le terme de ses infortunes. Mais ce n'était pas encore la fin de ses maux. Childebert avait envoyé à Marseille le duc Rathaire, pour gouverner en son nom ; ce ministre infidèle, oubliant les ordres de son maître et les égards qu'il devait à son plus dévoué serviteur, osa porter de nouveau les mains sur lui, et le fit conduire à Gontran, qui se proposait de le faire juger et condamner au concile de Mâcon. Gontran retint saint Théodore, mais il ne lui fit aucun mal, impressionné malgré lui par son éminente sainteté. D'ailleurs, le roi Childebert prit ouvertement et sérieusement sa défense : « Je prie le roi, dit-il à un ambassadeur qui lui avait été envoyé, « de ne point faire de mal à l'évêque Théodore ; s'il le maltraite,

« il y aura du scandale et de la division entre nous. » Ces paroles fermes durent produire leur effet sur l'esprit du roi de Bourgogne. Le concile de Mâcon tint ses séances, saint Théodore y eût sa place au milieu des autres évêques, y signa à son rang, et rien n'indique qu'il y ait été porté contre lui aucune accusation, comme on s'était proposé de le faire. Il ne quitta le concile que pour reprendre le chemin de Marseille, où tous, sans distinction, manifestèrent la joie la plus vive de son retour.

Nous avons enfin épuisé la série des tribulations que le saint évêque eut à traverser ; quatre fois chargé de chaînes, quatre fois traîné prisonnier d'un bout de la France à l'autre, il connut les horreurs de la prison, les privations de la misère, les ennuis de l'exil, et ce n'est qu'après tant de souffrances qu'il put revenir à Marseille, achever sa course par les œuvres pieuses dont nous vous ferons bientôt le récit. Or, l'avez-vous vu faiblir un instant, douter un seul moment du Seigneur et de sa justice? Quelle leçon ne donne-t-il pas à nos chrétiens attiédis que les moindres contradictions abattent, que les épreuves les plus ordinaires désespèrent? Vous les entendez gémir dès que l'heure de la tentation est arrivée. Dieu s'est retiré de nous, disent-ils, il n'a point de pitié pour notre faiblesse, il nous a abandonnés à nos ennemis. Et, comme s'ils allaient être engloutis par la tempête, un cri de détresse s'échappe de leur bouche : Sauvez-nous, Seigneur, car c'en est fait de nous, *Domine, salva nos, perimus.* S. Math. VIII. 25. O hommes de peu de foi, pourquoi douter de la sorte? Dieu n'est jamais plus près de vous que lorsque vous combattez pour lui; il ne vous enverra aucune épreuve qui soit au-dessus de vos forces ; ayez seulement un peu de courage et ne vous effrayez pas dès les premiers assauts. Que la vie de saint Théodore soit pour vous un modèle et un encouragement ; admirez sa fermeté, et efforcez-vous de l'imiter, si vous voulez avoir part à sa couronne.

Mais il nous reste à examiner d'où lui est venu l'indomptable courage que nous lui voyons déployer dans toutes ses adversités.

DEUXIÈME PARTIE.

Quelle est la source de cette fermeté incomparable que nous avons admirée en saint Théodore, et d'où nous viendra à nous-mêmes la force dont nous avons besoin pour combattre de bons combats? Le soldat qui part pour la guerre doit être muni de toutes ses armes, et il serait bien insensé s'il allait se mesurer avec l'ennemi sans avoir les moyens nécessaires pour lui résister. Nous donc qui avons aussi une guerre à soutenir, trouverons-nous dans notre nature les forces et les ressources qui nous sont indispensables?

Hélas! nous ne sommes par nous-mêmes que misère, faiblesse, lâcheté; la seule idée des luttes qu'il nous faudra livrer nous effraie et nous fait reculer. Cela n'a rien d'étonnant, car si nous voulons savoir toute la vérité sur ce sujet, l'Apôtre nous apprend que nous ne sommes pas capables d'avoir de nous-mêmes une bonne pensée, *Non quod sufficientes simus cogitare aliquid à nobis, quasi ex nobis.* 2. Cor. III. 5. Comment donc pourrions-nous nous suffire à nous-mêmes pour triompher du démon, pour assurer notre salut? Est-ce que la faiblesse peut produire la force? Est-ce que la lâcheté enfante le courage? Et puis d'ailleurs, le salut dans ce cas ne serait plus une grâce, mais le résultat de nos propres efforts, et nous pourrions seuls nous élever à un état surnaturel, ce qui est absurde. Comment donc nous deviendra-t-il possible de remplir le devoir que Dieu nous a imposé, en demandant que nous combattions pour lui? Nous l'apprenons encore de la bouche de l'Apôtre : toute notre puissance nous vient de Dieu, *Sufficientia nostra ex Deo est.* Seuls, nous sommes faibles, avec l'aide de Dieu nous devenons forts; de nous-mêmes nous ne pouvons rien, avec l'assistance divine nous pourrons tout. Voilà le secret de notre force : lorsque nous aurons à lutter pour Dieu et pour la justice, Dieu combattra avec nous et nous assistera de sa grâce, et il n'y aura rien de trop difficile, rien d'impossible pour nous.

Voilà le secret de la fermeté de saint Théodore : il était comme nous un homme faible et infirme, sensible à la douleur, et capable de se laisser abattre par les persécutions qui l'assaillirent sans discontinuer ; avec l'assistance du Seigneur, qui ne lui manqua jamais, il brava l'enfer et ses suppôts, et supporta sans murmures toutes les tribulations que nous vous avons racontées. Au plus fort de l'orage, il avait la confiance que la grâce de Dieu le soutiendrait, et il se sentait fortifié en proportion de l'épreuve à laquelle il lui fallait résister. Et pour achever de lui appliquer le texte par lequel nous avons ouvert ce discours, Dieu l'assista contre la malice de ses persécuteurs, et l'empêcha d'y succomber, *In fraude circumvenientium illum affuit illi*, il le défendit lui-même contre ses ennemis. *custodivit illum ab inimicis*, il le protégea contre ses calomniateurs, *et à seductoribus tutavit illum*, et s'il l'exposa à un terrible combat, il lui donna en même temps d'en sortir vainqueur, *et certamen forte dedit illi ut vinceret*, afin qu'il sût que la sagesse de Dieu triomphe de tout, *et sciret quoniam omnium potentior est sapientia*. Sag. x. 11-12. Voyez-le en effet, et reconnaissez la cause de sa constance ; ni les chaînes, ni les prisons, ni la misère, ni l'exil, ni l'ingratitude des uns, ni les insultes des autres, ni les menaces des grands, ni la colère des rois, rien ne l'émeut, rien ne l'abat. Toujours ferme dans la ligne du devoir, sans broncher jamais, sans dévier d'un pas, il ne répond à une persécution nouvelle que par un courage nouveau et une inépuisable patience. Dieu était avec lui, et par lui il était fort, *Dominus tecum virorum fortissime*. Jug. vi. 12.

D'ailleurs, l'assistance que Dieu prêtait à son serviteur persécuté ne consistait point seulement en un secours intérieur qui soutenait son âme et l'empêchait de faiblir, mais elle se manifesta bien des fois d'une manière visible, et elle intervint en sa faveur ostensiblement, tantôt par des consolations sensibles qu'il lui envoya dans ses plus cuisantes peines, tantôt par des signes extraordinaires qui attestaient sa sainteté et inspiraient à tous un religieux respect, tantôt par les calamités qui atteignaient ses persécuteurs. Nous nous garderions bien de supprimer ces traits précieux semés çà et là dans la vie du saint, et que nous n'avons pu rattacher à notre récit lorsque nous faisions l'histoire de ses souffrances. Ils seront ici parfaitement à leur place.

Ce qui dut le plus alléger ses souffrances, ce fut l'attachement que lui témoignèrent toujours les autres évêques, et dont plusieurs preuves nous ont été conservées.

A l'époque de sa seconde captivité, on l'entraînait misérablement loin de Marseille, seul, sans ressources, sans qu'aucun des siens eût pu obtenir de se joindre à lui : la tristesse remplissait son âme. Mais en arrivant dans la ville d'Aix, il voit accourir au devant de lui l'évêque Piencus qui, sans craindre les hommes, vient prodiguer à son frère enchaîné toutes les consolations d'une industrieuse charité ; il compatit à ses maux, il adoucit sa douleur, et ne se sépare de lui qu'après lui avoir donné des clercs pour l'accompagner, et avoir fourni à tous ses besoins.

Le même empressement l'attendait à l'autre extrémité de la France, de la part d'un pontife qui ne connaissait de lui que son nom et ses malheurs. Ceux qui le conduisaient le traitaient avec tant d'inhumanité, qu'en traversant une ville ils ne permettaient à personne de l'approcher. Magnéric, évêque de Trèves, apprenant, un jour, à l'improviste, le passage de son confrère, que l'on emmenait en secret, s'en va en toute hâte, et bien attristé, vers le navire où l'on s'empressait de l'embarquer ; il reproche à ses gardiens leur impiété, et écartant tous les obstacles qui le séparaient de lui, il embrasse avec effusion le confesseur de J.C., le fortifie par ses paroles affectueuses, et lui donne les vêtements nécessaires qu'une barbare cruauté lui refusait.

Ailleurs c'étaient d'autres évêques qui, même en son absence, épousaient sa cause, et le défendaient avec courage. C'est ainsi que saint Grégoire de Tours, ayant entendu le roi Gontran qui l'incriminait avec colère, ne craignit pas de se faire son avocat, et de repousser les accusations proférées par une bouche royale.

Que dirons-nous maintenant des signes prodigieux par lesquels le Seigneur daigna manifester aux hommes la sainteté de son serviteur, et lui donner un témoignage éclatant de son assistance? Dans toutes les vies des saints nous trouvons quelques-unes de ces merveilles, qui font briller aux yeux de tous comme un reflet de la beauté de leurs âmes, et sont une attestation irrécusable de l'état surnaturel dans lequel ils vivent. Dieu fait pour eux, par ces événements miraculeux, ce qu'il fit autrefois pour son Fils, lorsqu'il fit entendre du haut des cieux ces solennelles paroles : Je t'ai glorifié, et je te glorifierai encore, *Et clarificavi et iterùm clarificabo.* S. Jean. xii. 28.

Or, du temps qu'il était retenu en prison à Marseille par le duc Boson, comme il était en prière dans le courant de la nuit, une lumière resplendissante remplit le lieu où il était renfermé, de telle sorte que celui qui le gardait en fut tout épouvanté; un globe de feu parut suspendu au-dessus de lui durant l'espace de deux heures, et ce fut celui qui en avait été témoin qui raconta le lendemain le prodige à ses compagnons. Dieu l'opérait sans doute pour qu'on sût bien ce qu'était Théodore, et combien ses souffrances le rendaient agréable à ses yeux.

Il fit aussi rendre témoignage à ses vertus par une bouche non suspecte. C'était à Trèves : l'évêque Magnéric, après avoir donné au prisonnier toutes les consolations qui étaient en son pouvoir, alla prier pour lui avec larmes auprès du tombeau de Saint-Maximin; tout à coup une femme possédée du démon se mit à proférer contre lui des imprécations : « Scélérat, criait-« elle, pourquoi pries-tu pour notre ennemi Théodore? Nous « faisons tout notre possible pour le chasser des Gaules, parce

« qu'il nous tourmente sans cesse, et tu pries pour lui ! Malheur
« à nous, car nous ne pouvons pas en venir à bout. » Et le sage
historien ajoute : quoiqu'on ne doive pas avoir foi à ce que dit le
démon, néanmoins ces paroles prouvent ce qu'était ce grand
évêque dont il parlait en ces termes.

Enfin Dieu ne voulut pas laisser impunis les attentats dont
saint Théodore était la victime ; il les permettait pour lui faire
acquérir des mérites infinis, et pour donner à la postérité un
exemple admirable de patience et de fermeté ; mais il punit plus
d'une fois la main criminelle qui s'était étendue sur son pontife.
Quand Rathaire l'eut indignement arrêté, la vengeance divine
s'appesantit sur sa maison : ses serviteurs meurent aussitôt d'un
mal inconnu ; son fils périt en peu de temps dévoré par la fièvre ;
lui-même est atteint, il s'enfuit de ce lieu de malédiction, em-
portant avec lui la plaie qui l'a frappé pour son sacrilège, à peine
peut-il arriver jusque dans sa patrie. Le roi Gontran ressentit,
lui aussi, les effets de la colère du Seigneur ; au moment où il
était le plus irrité contre saint Théodore, et qu'il se proposait
d'obtenir du concile de Mâcon une sentence d'exil ou de dépo-
sition, une grave maladie le saisit, et on crut pendant longtemps
qu'il n'en pourrait pas échapper. C'était la providence de Dieu qui
le punissait, dit saint Grégoire de Tours, à cause des mauvais
desseins qu'il nourrissait contre quelques évêques.

Cependant Dieu ayant frappé les persécuteurs de saint Théodore, il lui fut enfin donné de se retrouver au milieu de son
troupeau, pour ne s'occuper plus que de lui. Hélas! une occasion
ne tarda pas à se présenter qui lui permit de montrer tout son
dévouement. Ce fut une de ces occasions douloureuses que les
pasteurs des âmes ne désirent certes pas, car leur cœur est
brisé par les inexprimables calamités qu'elles amènent ; mais ils
en profitent, lorsqu'elles se présentent, pour faire voir jusqu'où
peut aller l'attachement qu'ils ont pour leurs brebis. Le merce-
naire fuit dès qu'il voit le péril ; le bon pasteur l'affronte et
donne, s'il le faut, sa vie pour elles.

Une horrible peste vint désoler à plusieurs reprises la Provence, et particulièrement la ville de Marseille ; un nuage de deuil s'étendit bientôt sur l'infortunée cité ; la mort frappa à coups redoublés d'innombrables victimes, et les mêmes scènes de désespoir que nos pères ont revues au siècle dernier se produisirent alors au sein de notre malheureuse patrie. Saint Théodore qui, par bonheur, n'était plus retenu par la captivité, s'était hâté de venir prendre sa part du danger et prodiguer à ses enfants tous les secours de la religion ; s'il n'était pas en son pouvoir de chasser le mal, il lui était bien doux de consoler les mourants, de s'exposer pour eux aux coups du fléau, et de sacrifier sa vie pour sauver les âmes qui lui avaient été confiées. Mais en peu de temps les ravages de l'épidémie furent tels que la grande ville devint un désert ; et l'évêque de ce peuple si affligé, prosterné au pied des autels dans la basilique de Saint-Victor, ne cessait d'adresser au Seigneur les plus ferventes prières, pour obtenir enfin grâce et miséricorde.

Quand la santé fut revenue après différentes rechutes, un évènement peu commun vint procurer à saint Théodore une satisfaction bien capable de lui faire oublier et ses longues épreuves et la désolation qu'il avait ressentie au milieu de tant de deuils et de larmes. Il y avait près de trois siècles qu'une troupe de glorieux martyrs avaient illustré Marseille par leur courage et par leur mort ; on se transmettait fidèlement de bouche en bouche le récit de leur confession, et du zèle avec lequel ils avaient versé leur sang pour J.C. Mais personne ne savait indiquer l'endroit où reposaient les précieuses dépouilles de saint Défendant et de ses compagnons, et notre église ne pouvait pas rendre à ses généreux enfants le culte légitime qui leur était dû. Dieu réservait au saint évêque, comme une compensation pour ses peines, la consolation de découvrir les reliques de ces saints martyrs.

La découverte des corps des saints, qui étaient cachés, a

été de tout temps regardée par l'église comme un fait très important, et les évêques à qui il a été donné de présider à une invention de reliques, y ont toujours vu un des évènements les plus heureux de leur épiscopat. Qui ne se souvient de la joie de saint Ambroise, le jour où il eût trouvé les saints martyrs de Milan, Gervais et Protais, et de la pompe solennelle avec laquelle il transféra les corps de ces héros de la foi? Saint Théodore obtint de Dieu la même faveur; il avait longtemps prié et supplié le Seigneur de lui faire connaître le lieu où étaient déposés les ossements des martyrs de Marseille; il fut exaucé et il découvrit le tombeau qui les renfermait. Pour leur faire rendre le culte dont ils avaient été privés jusqu'alors, il voulut bâtir une église sous leur invocation; il les y transporta avec un grand appareil, et afin de transmettre avec assurance à la postérité le souvenir de leur vertu, il écrivit lui-même leurs Actes et les circonstances de leur passion.

Telles furent les dernières œuvres au milieu desquelles le saint pontife termina sa carrière mortelle, pour aller recevoir au ciel la récompense qu'il avait méritée. Elle lui était bien due cette couronne de justice que l'Apôtre espérait recevoir du juste juge, car comme lui il avait le droit de dire qu'il avait combattu un bon combat. Y eut-il jamais au monde une vie plus agitée que la sienne, un courage plus extraordinaire, des mérites plus excellents? Après le grand évêque d'Alexandrie, dont la longue vie ne fut qu'une lutte continuelle contre les ennemis du Verbe divin, nous ne savons s'il serait possible de trouver dans les fastes de l'église un autre pontife qui ait éprouvé des persécutions comparables à celles de saint Théodore. Nouvel Athanase, il n'a pas connu le repos; et sans cesse poursuivi par l'injustice, sans cesse chassé loin de son siége, il n'a déposé ses chaînes que pour en recevoir de nouvelles, et a pu compter le nombre de ses maux par le nombre des jours de sa vie. Comme Athanase, il a triomphé sur la terre avant de triompher dans le ciel, et il a eu la satisfaction d'achever sa course dans le sein de son église chérie.

Et maintenant qu'il est mort, il ne cesse pas de parler encore et de nous instruire, car son admirable vie est une leçon qui ne peut pas être perdue pour nous. En ce jour où nous lui offrons notre tribut annuel d'hommages et de vénération, il me semble le voir au sein de la gloire, sourire aux honneurs que nous lui rendons, accueillir nos souvenirs et nos prières, et nous redire en même temps du haut des cieux ce qu'il nous a prêché par ses exemples, aussi longtemps qu'il a vécu : O mes enfants, ô vous qui invoquez ma protection, n'oubliez jamais que ce n'est qu'en traversant beaucoup de tribulations qu'on peut entrer dans le royaume de Dieu, *Per multas tribulationes oportet nos intrare in regnum Dei.* Act. xiv. 21. Faites ce que j'ai fait , marchez sur mes traces, ayez dans toutes vos afflictions une constance inébranlable ; vos maux finiront bien vite ; et puis qu'est-ce qu'un peu de souffrance en comparaison de la gloire future qui vous attend ? *Non sunt condignæ passiones hujus temporis ad futuram gloriam quæ revelabitur in nobis.* Rom. viii. 18.

Ecoutez, mes frères, la voix de votre Évêque, de votre Patron ; que rien ne puisse jamais vous ébranler dans le service du Seigneur, ni les douleurs, ni les croix, ni les calomnies, ni les persécutions ; opposez à toutes vos épreuves la patience, la résignation, le courage, et le ciel sera à vous. Ainsi soit-il.